Los anuncios publicitarios en la enseñanza del inglés

María Ángeles Cutillas Pérez

Edición: 2017
ISBN: 978-84-947253-4-0
URL: https://goo.gl/16tJLA
Depósito legal: MU 1258-2017
Impreso en España

Diseño de portada: Ant. Pascual Rodríguez Grau
Maquetación interior: Mª Teresa Piqueras Devesa
Imagen de portada: Freepik
Edita: PROYECTO EDUCA
www.proyectoeduca.net

Índice

1. Justificación

Hoy en día el uso de las nuevas tecnologías está a la orden del día, nos comunicamos a través de mensajería instantánea, mandamos mensajes de voz, compartimos fotos y vídeos, e incluso usamos emoticonos para expresar cómo nos sentimos. No cabe duda de que este campo avanza a pasos gigantescos y los alumnos le siguen el ritmo estando siempre en conocimiento de las últimas novedades.

Las nuevas tecnologías proporcionan infinidad de recursos, actividades y materiales para preparar sesiones más dinámicas y actuales. Es por ello que todo profesor debe hacer uso de ellas en sus clases para no quedarse obsoleto y conseguir que los alumnos estén motivados y sean participativos dentro del aula. No es una tarea fácil estar al día en el uso de las TIC, al igual que no es sencillo conseguir material adecuado para cada unidad didáctica que se esté llevando a cabo, y poder así sacarle el máximo rendimiento. Es por tanto, una tarea ardua y de mucha paciencia y empeño, pero que puede dar resultados muy positivos.

Esta obra está relacionada con el uso de las nuevas tecnologías para la mejora de la calidad de la enseñanza-aprendizaje en la clase de inglés. Más concretamente, se va a centrar en el uso y estudio de anuncios publicitarios para mejorar la comprensión auditiva, la producción oral y el estudio y comprensión de la gramática. También se hará alusión a la importancia de la inmersión cultural para un mejor entendimiento de la segunda lengua.

El proyecto se llevará a cabo de forma semanal para poder comprobar la evolución de los alumnos. Otro aspecto innovador, además del uso continuo de anuncios en clase, será el uso de imágenes en movimiento con texto (de aquí en adelante GIFs[1]) para estudiar expresiones típicas inglesas, cómo se pronuncian

---

[1] Formato de Intercambio de Gráficos (Graphic Interchange Format).

y entonan de forma adecuada, y en qué contextos se pueden usar adecuadamente.

Las prácticas docentes que se hacen en el cuarto año del Grado en Educación Primaria sirven para entrar a formar parte de un colegio y vivir en primera persona el trabajo que llevan a cabo los maestros de Educación Primaria. Como si de un miembro más del personal docente fueran, los alumnos en prácticas tienen la posibilidad de participar en todas las actividades y reuniones que el centro lleva a cabo durante ese curso escolar. Igualmente, se tiene acceso a la documentación del centro y a las programaciones docentes de las diferentes asignaturas.

Principalmente he pasado el período de prácticas con un grupo de 26 alumnos y alumnas de 4º curso de primaria. En general ha sido un grupo muy activo, hablador y fácil de distraer, razón por la que había que estar continuamente pidiendo atención y silencio. Además, había mucha diversidad en el aula, desde alumnos repetidores sin motivación alguna, hasta alumnos con desfase curricular que necesitaban adaptaciones significativas. No es de extrañar que en muchas ocasiones fuera difícil mantener un buen ritmo de trabajo en clase, y que las actividades tradicionales les resultasen tediosas.

Durante el período de prácticas he participado en todas las asignaturas de forma activa, implementando las programaciones docentes, ayudando a preparar actividades y llevándolas a cabo en el aula. Sin embargo, como especialista en inglés que soy, he intentado ser crítica con las clases de inglés que he observado. A lo largo de estas sesiones me he dado cuenta de varios aspectos que se podrían mejorar o realizar de forma diferente y he identificado problemas de competencia lingüística, tanto a la hora de hablar como de entender. La gramática es la parte del inglés que más se conoce, en cambio, las habilidades prácticas como el *listening* y el *speaking* no están automatizadas y resultan más difíciles de adquirir por parte de los alumnos. También he podido comprobar que los alumnos no conocen la cultura del Reino Unido, algo que considero importante para su motivación en el aprendizaje.

Una de las sesiones observadas trataba sobre el visionado de un anuncio publicitario que fue muy visto durante la pasada navidad en el Reino Unido. Los alumnos tenían que identificar el país donde se llevaba a cabo el anuncio teniendo en cuenta las pistas culturales que en él se veían. No fueron capaces de hacerlo. Esta sesión me llevó a meditar sobre los contenidos y la metodología que se sigue en las clases de inglés, y de ahí, propongo algunas reformas que considero podrían ser interesantes para que el alumnado esté más motivado, y como consecuencia, su adquisición del inglés sea más fructífera y rápida. Estas reformas incluyen la inclusión de anuncios publicitarios para la mejora del *listening* y el *speaking* y el conocimiento de la cultura del Reino Unido, y el estudio de GIFs animados con expresiones típicas inglesas para practicar su pronunciación y entonación y conocer el contexto en el que se pueden utilizar.

Las sesiones de inglés están basadas en un modelo constructivista de adquisición del lenguaje donde el principal objetivo es la comunicación. Sin embargo, las clases se siguen preparando en base a un libro de texto, practicando mayoritariamente la lectura comprensiva y la escritura de textos, y dejando en un segundo lugar la comprensión auditiva y la producción oral. Para una correcta comunicación hace falta dominar las cuatro habilidades del idioma junto con la gramática.

Por lo tanto, para conseguir una mejora en la calidad de la enseñanza-aprendizaje del inglés, creo que se debería fomentar el uso de los medios audiovisuales, y más explícitamente, el uso de anuncios publicitarios que aparecen en televisión para que los alumnos practiquen el *listening* y el *speaking* de forma más real. Los anuncios presentan temas actuales con un vocabulario escueto y preciso, y además contienen imágenes que hacen que se entiendan con menos dificultad, característica muy positiva para los alumnos con necesidades educativas especiales. Además de la publicidad, un medio audiovisual muy recurrente hoy en día son los GIFs. Mediante ellos se pueden analizar conceptos gramaticales y expresiones fáciles de reconocer debido al uso de imágenes en movimiento.

Por otro lado, en la clase de inglés se estudia la cultura inglesa desde un punto de vista obsoleto y basado en estereotipos. Haciendo uso de anuncios publicitarios reales que se están mostrando actualmente en periódicos, revistas, vallas publicitarias o en televisión, se llevaría a cabo una inmersión en la cultura inglesa de hoy en día, permitiendo a los alumnos un mayor conocimiento del país de habla del idioma que están aprendiendo.

Teniendo en cuenta lo expuesto anteriormente, el objetivo de este estudio es "mejorar la enseñanza-aprendizaje del inglés mediante el uso de anuncios publicitarios y GIFs". A través de la visualización de anuncios publicitarios de forma asidua (una vez por semana) se trabajará la comprensión auditiva, la expresión oral y el conocimiento de la cultura anglosajona. El uso de los GIFs será apropiado para estudiar expresiones típicas inglesas y su correcta pronunciación y entonación. Para llevar a cabo el proyecto se analizarán anuncios reales que se visualizan en la televisión inglesa y/o carteles publicitarios que se puedan ver por las calles del Reino Unido, y se enlazarán simultáneamente con temas culturales. Por otro lado, los GIFs serán extraídos de aplicaciones informáticas y servirán para analizar y comentar las situaciones cotidianas en las que se utilizan las expresiones que aparecen en ellos.

2. La enseñanza en la era digital

2.1. Uso de la tecnología en la actualidad

El siglo XXI se caracteriza por ser una era digital en la que el uso de las nuevas tecnologías no solo está en auge, sino que se hace imprescindible para obtener unos buenos resultados en la enseñanza del inglés como lengua extranjera. Prácticamente el cien por cien de los alumnos (OECD, 2017) posee un ordenador, portátil, tableta, IPad, Smartphone, o incluso una televisión digital con acceso a internet; aquellos alumnos que no poseen ninguno de estos aparatos, tiene acceso al de sus padres. Estos adelantos tecnológicos deben ser utilizados de forma constructiva para conseguir nuevos métodos de enseñanza que sean más motivadores y efectivos para el aprendizaje del inglés en el aula, y no solamente como formas de entretenimiento para los momentos de ocio.

El lingüista británico Graddol (1997) dice que "la tecnología está en el centro del proceso de globalización, afectando a la educación, el trabajo y la cultura"[2] (p.16). Además, hay que tener en cuenta que las generaciones nacidas a partir de 1980 han experimentado un crecimiento del uso de estas nuevas tecnologías llegando incluso a formar parte de su rutina diaria de forma casi imprescindible. El término *"millennials"* o *"the New Millennium Learners"* (Pedro, 2007, p.244) se usa para referirse a este grupo de personas que no conciben su vida sin el uso de aparatos tecnológicos. Hacen uso de estos aparatos de forma natural como si fueran una parte más de ellos mismos, por lo que son capaces de hacer varias tareas al mismo tiempo. Pedro (2007) añade lo siguiente:

Millennials normalmente dan por hecho que la multitarea es la forma normal de usar los medios digitales: estar online al mismo tiempo que viendo la televisión, hablando por teléfono, y haciendo

---

[2] Traducción: elaboración propia. Graddol, D. (1997). "The Future of English? A Guide to Forecasting the Popularity of the English Language in the 21st Century", p. 16.

los deberes. Y, sin duda, el recurrente uso de estas tecnologías ha formado sus nociones de comunicación,…, aprendizaje, e incluso sus valores personales y sociales… (p.244).[3]

Teniendo en cuenta estas referencias, es fundamental que los profesores se adapten a las nuevas tecnologías y las acojan como herramientas para dar clase, y que acepten que las nuevas generaciones ya vienen predispuestas a aprender desde el uso de la tecnología.

Estos avances tecnológicos que caracterizan a los tiempos que vivimos, obligan al uso de los medios audiovisuales para fomentar el aprendizaje de un segundo idioma.

2.2. Métodos de enseñanza de idiomas

Durante los siglos XIX y XX son muchos los autores que han elaborado estudios, teorías y técnicas sobre cómo aprender un idioma de forma efectiva (Sánchez, 2009). Estos estudios se han ido mezclando entre sí, al igual que han ido añadiendo elementos nuevos para llegar a la metodología que se usa hoy en día en las clases de inglés en los colegios.

Los primeros años de estudio sobre la adquisición de una segunda lengua ofrecen múltiples métodos basados en una forma tradicional de enseñanza de idiomas, como el que se utilizaba para enseñar latín cuando ésta era la lengua franca.

Entre otros, podemos destacar el método gramatical y el método directo. A continuación se hará un breve resumen de ellos, para observar el avance que han ido haciendo uno tras otro.

---

[3] Traducción: elaboración propia. Pedro, F. (2007). "The new Millennium learners: Challenging our views on digital technologies and learning", p. 244

- Método gramatical

Es el primer método conocido en la enseñanza de lenguas. Los primeros libros de texto usados para la enseñanza de un segundo idioma contenían solamente cuestiones gramaticales. Según Sánchez (1997), "el tratamiento de la gramática en cuanto tal no ofrecía otras novedades que la inclusión en el libro de prácticas sobre los temas gramaticales tratados". (p.99).

Este método tiene como objetivo principal enseñar la gramática de la lengua a aprender. Para ello utiliza un número determinado de sesiones, girando cada sesión en torno a un punto gramatical específico. Para apoyar este punto gramatical, también se hacen listas de vocabulario que posibilita la formación de frases que contengan la gramática estudiada. Las clases se dan en la lengua materna y los conocimientos adquiridos se usan para realizar traducciones directas e inversas. El profesor es el protagonista de la clase, quedando el alumno relegado a un segundo plano, un agente pasivo. Solo se estudia el lenguaje formal.

Según Abio (2011):

…la enseñanza de una L2[4] se centraba en las cuestiones gramaticales y escritas sin darle atención al conocimiento de la lengua para la comunicación. Ello se debía… a dos motivos: por un lado, el objetivo principal… era comprender textos escritos… pues las posibilidades de comunicación con nativos… no eran tan numerosas como lo son en la actualidad. Por otro lado, el latín, que había sido la lengua de cultura hasta el siglo XVI… se enseñaba de una forma teórica y eminentemente escrita. (p.1).

Dentro de este método cabe destacar al autor francés Ollendorff, conocido como uno de los autores más representativos del método tradicional. Su gran

---

[4] Segunda Lengua.

aportación fue resaltar la importancia de la parte práctica en la enseñanza de una segunda lengua. Según Sánchez (1997), "los manuales ollendorfianos suponen una notable ruptura con esa tradición gramatical. Ahora se da una extraordinaria importancia a la práctica del idioma." (p. 102).

- Método directo

Este método tiene un enfoque naturalista pretendiendo que los alumnos aprendan el idioma de la misma forma que los niños aprenden su lengua materna. Por lo tanto, se le da más importancia a la parte oral que a la gramática. Sánchez (1997) hace un estudio sobre la evolución de los métodos en la enseñanza de idiomas y resalta que:

> La evolución del método gramatical tradicional se percibe ya en todos aquellos manuales que insisten en la necesidad de que la enseñanza o aprendizaje de lenguas debe ser «práctico», significando con ello que debe superarse la exclusividad dada a la gramática... (p. 134).

Por tanto, se da una evolución de temas teóricos a cuestiones más prácticas en la enseñanza de idiomas. Dentro del método directo las sesiones se llevan a cabo a través de textos hablados que enlazan temas ya estudiados con temas nuevos. La gramática se enseña de forma inductiva por lo que los alumnos adquieren un papel más importante que en el método tradicional. Rechaza la traducción y los profesores deben ser nativos del idioma que se enseña puesto que se le da importancia a la pronunciación.

Abio (2011) lo define de la siguiente manera:

> En el método directo la enseñanza se realiza única y exclusivamente en la lengua meta, sin recurrir a la lengua materna. Son priorizadas las habilidades orales y los temas cotidianos. Como dice Leffa (1988), fue con el Método Directo cuando se utilizaron por primera vez las cuatro

destrezas, pues se sigue la secuencia de oír, después hablar, y más tarde leer para, por último, escribir. (p.3).

Son muchos los autores que implementan este método, siendo los más relevantes el francés Sauveur y, especialmente, el alemán Berlitz, quien entendió rápidamente que "la clave para… que el alumno aprendiese la lengua sin aparente esfuerzo era llegar a *vivir la lengua y en la lengua que se aprendía*", (Sánchez, 1997, p.143).

Como se puede ver, desde que se inician los métodos de aprendizaje en la adquisición de una segunda lengua, los autores van poco a poco llegando a la conclusión de que un idioma no es solo su gramática, sino también los demás aspectos que lo forman. Por tanto, debe aprenderse principalmente de forma oral, dejando a la gramática en un segundo plano. Como bien dijeron Témoin y Hernando (citado en Sánchez [1997]):

> …el alumno no debe perder nunca de vista que la gramática no es la lengua. La lengua es el edificio y la gramática no es sino la explanada en que se construye… El error fundamental del método clásico es poner al alumno frente a lo accesorio (gramática), en vez de lo principal.

Estos estudios y avances en el aprendizaje y adquisición de una segunda lengua, junto con las necesidades que trajo la II Guerra Mundial (principalmente ser capaz de infiltrarse en el ejército enemigo), las expansiones territoriales, los intereses políticos y las innovaciones en investigación, hicieron que en la segunda mitad del siglo XX aparecieran nuevos estudios con nuevas propuestas más efectivas para el aprendizaje de un idioma (Hernández, 2000).

La necesidad de encontrar nuevas formas para el aprendizaje de idiomas viene resumida por Sánchez (1997):

...la repetición *mecánica* de estructuras, el énfasis en la necesidad de aprender a hablar la lengua, la necesidad de adecuar el vocabulario al uso cotidiano, la inoperancia en que desembocaba la enseñanza centrada en la gramática, etc, todos ellos eran *lugares comunes* en los ambientes que buscaban mayor eficacia docente y nuevas vías para alcanzar los objetivos que todos se proponían: hablar y escribir bien la lengua que se aprendía. (p.154).

Los métodos audio-oral, situacional y estructuro-global-audiovisual se van a comentar a continuación.

- Método audio-oral

Es el primer método con una base científica basado en investigaciones sobre la adquisición de una segunda lengua. Uno de los principales aspectos que propone es que la lengua es primero oral y luego escrita.

Además, el profesor es un mediador en la clase, las reglas de gramática deben inferirse de la práctica y del uso, y los errores se corrigen de inmediato. Abio (2011) dice lo siguiente:

Los contenidos nuevos... se presentaban a través del lenguaje oral. El trabajo con las producciones orales era sobre todo repetitivo para conseguir la memorización y asimilación de estructuras. La entonación, pronunciación, ritmo y acento eran también trabajados intentando que el alumno hablara de forma idéntica a un nativo... Tras la comprensión oral se trabajaba la producción oral y solo después la forma escrita. (p.4).

Con este método se empieza a comprender que adquirir una segunda lengua es algo más que aprender solamente a hablarla, ya que con solo esa habilidad, no se es capaz de entender a nativos de la lengua adquirida (Hernández, 2000).

- Método situacional

Se introducen los dibujos con un fin más comunicativo, siendo una clarificación de la situación comunicativa que se presenta. Las situaciones que se estudian son de la vida real y cotidiana. Se hace hincapié en el contexto. Abio (2011) comenta lo siguiente:

> Este método da primacía a la situación en la que se desarrolla el acto de habla. Visualizando dichas situaciones... mediante diapositivas, o más recientemente, mediante filmaciones en video, se obtendría un corpora de discurso auténtico que se trataría de memorizar, de manipular y de transponer. La gramática se enseña de forma graduada: de lo más sencillo a lo más complejo; y una vez que se ha practicado el léxico y la gramática de forma oral, se trabajan de forma escrita. (p.5).

- Método estructuro-global-audiovisual

La lengua está siempre ligada a una situación y a un contexto; en el aprendizaje hay dos componentes: el psicofisiológico y el lingüístico. Se usan medios audiovisuales para que la lengua oral sea siempre acompañada de una imagen que la represente. Comenta Sánchez (1997) que:

> Dentro de este enfoque, mejor que en ningún otro, se mejoran las técnicas en la utilización de dibujos, films y diapositivas, siempre con la finalidad, explícita o no, de evitar el uso de la lengua materna y de asociar directamente las palabras de la lengua meta con los objetos, cosas o ideas. (p.176).

Hacia el año 1980 se presentaron diversos estudios que proponían métodos en los que se planteaba la necesidad de entender la adquisición satisfactoria de una segunda lengua como un hecho global que abarca la gramática y las cuatro habilidades: hablar, escuchar, escribir y leer. (Sánchez, 1997). Estos métodos están basados en un enfoque comunicativo que pretende capacitar a los alumnos para una comunicación real en la segunda lengua, tanto en el ámbito oral como en el escrito. Estos métodos orientados hacia la comunicación llegan hasta nuestros días, y se caracterizan por lo siguiente: el alumno es un agente activo siendo el mayor protagonista de la clase; se transmiten mensajes con contenido que interesa a los alumnos; se usan textos reales para las situaciones de aprendizaje; la comunicación se consigue con la adquisición de las cuatro destrezas; aparece el concepto de uso significativo del lenguaje.

Según Sánchez (1997):

> El énfasis en las cuatro destrezas no viene sino a dar fe de la realidad comunicativa entendida en términos generales: la comunicación puede darse y se da tanto en el ámbito de la lengua escrita como en el de la lengua oral. Solo los objetivos y necesidades especiales de un grupo podrán decidir el mayor peso – si lo hubiere– de uno u otro componente. (p.201).

Tras los métodos comunicativos aparecieron a partir de 1980 los métodos basados en un enfoque humanístico en los que el alumno es el eje en torno al que gira todo el proceso de enseñanza-aprendizaje. (Sánchez, 1997). Según Sánchez (1997) "el ideal humanístico implica que la docencia debe estar centrada en el individuo, que en este caso será el alumno." (214).

Por lo tanto, hay que tener en cuenta las capacidades, intereses y motivaciones de los alumnos para conseguir un aprendizaje de calidad. Sánchez (1997) llama a estos métodos *"no convencionales"* porque presentan dos características: "no llegan de la mano de la gramática; surgen, por el contrario, del sentido común." (Sánchez, 1997, p. 213). Varios ejemplos de estos métodos son: método respuesta física total, método del silencio, la sugestopedia, y el método de las inteligencias múltiples.

2.3. Uso de medios audiovisuales

Una vez visto el contexto histórico de la evolución de los métodos de enseñanza de una lengua extranjera, se puede apreciar cómo el uso del audio y las imágenes es bastante efectivo tanto para el aprendizaje de vocabulario, gramática, entonación, audio y habla, como para el acercamiento a la cultura. Sin embargo, aun hoy en día sabiendo los beneficios de su uso, no es algo que se haga de forma continuada y estructurada en las clases de inglés.

Pero, ¿qué es un medio audiovisual y por qué es tan efectivo para la adquisición de una segunda lengua?

Según la Real Academia de la Lengua Española, un medio audiovisual es aquel "que se refiere conjuntamente al oído y a la vista, o los emplea a la vez. Se dice especialmente de métodos didácticos que se valen de grabaciones acústicas acompañadas de imágenes ópticas". (2014, 23ª ed.).

Los medios audiovisuales normalmente usan vídeos que presentan imágenes llamativas para captar la atención de los espectadores. Estos vídeos pueden ser largos o cortos, dependiendo del tiempo que se disponga, y usan material auténtico del país de la lengua que se está estudiando, en este caso Reino Unido. A estas características, que hacen del vídeo un recurso muy beneficioso para la clase de inglés, hay que añadir las que sugiere Lialikhova (2014):

> Los profesores de una segunda lengua pueden encontrar que el uso del vídeo les puede traer al aula una gran variedad de oportunidades educativas. Así, los vídeos pueden promover el pensamiento crítico de los alumnos, y motivarlos a expresar sus opiniones en una segunda lengua. (p.16)[5]

---

[5] Traducción: elaboración propia. Lialikhova, D. (2014). *The use of video in English language teaching: A case study in a Norwegian lower secondary school.* Tesis de máster no publicada. University of Stavanger, Stavanger, Noruega. (p.16)

Además, de acuerdo con Lonergan, una de las características principales del uso del vídeo es "su habilidad para presentar situaciones completas de comunicación" (citado en Lialikhova, 2014).

Diversos estudios sugieren que el uso de recursos audiovisuales en el aula de inglés es óptimo para que el proceso de adquisición sea más rápido y efectivo. Estos estudios sugieren que los vídeos atraen la atención de los alumnos, hacen que estén más concentrados y que mejoren la actitud hacia el aprendizaje del idioma. De igual modo, los vídeos relajan a los alumnos, hacen que la sesión sea más divertida y, por tanto, desciende el nivel de estrés y ansiedad hacia el nuevo idioma (Lialikhova, 2014).

2.4. Anuncios publicitarios y GIFs

Dentro de los vídeos (que contienen audio e imágenes) encontramos los anuncios publicitarios como herramienta para desarrollar lecciones tanto a nivel de habilidades y gramática como a nivel cultural. En este sentido, Lialikhova (2014) expone que:

> Los niños de hoy en día no adquieren su lengua nativa solamente
> imitando y comunicándose con sus padres y otros seres humanos,
> como fue el caso de las generaciones pasadas, sino también viendo
> dibujos animados y programas de televisión especiales para niños,
> o jugando video juegos, entre otros. (p.15)[6].

La Real Academia de la Lengua Española define anuncio como un "soporte visual o auditivo en que se transmite un mensaje publicitario" (2014, 23ª ed.). Y a su vez, define publicidad como la "divulgación de noticias o anuncios de carácter comercial para atraer a posibles compradores, espectadores, usuarios,

---

[6] Traducción: elaboración propia. Lialikhova, D. (2014). *The use of video in English language teaching: A case study in a Norwegian lower secondary school.* Tesis de máster no publicada. University of Stavanger, Stavanger, Noruega. (p.15)

etc." (2014, 23ª ed.). Teniendo en cuenta estas definiciones, se puede apreciar como los anuncios publicitarios serán hechos de forma que capten la atención del público, y para ello, utilizarán imágenes representativas, un lenguaje moderno y que se mantenga en la memoria de los espectadores, y en el caso de la publicidad en televisión, contarán una historia que llame la atención y que no sea fácil de olvidar. Por tanto, "Los rasgos observados para que un eslogan se recuerde sin dificultad se pueden resumir en los siguientes: a) facilidad de comprensión, b) brevedad, c) concisión, d) capacidad de atracción... e) persuasión racional y f) persuasión emotiva." (Peña, G. 2001, p.89). Estas características muestran cómo los anuncios publicitarios son un recurso importante y lleno de posibilidades para el correcto aprendizaje de una segunda lengua.

Si se trasladan estas características al aula de inglés, se puede observar que las ventajas del uso de anuncios publicitarios son las siguientes según Pinilla (1998, pp. 349-355):

a) En primer lugar, aporta un contexto real de integración de elementos socioculturales y lingüísticos del español. Supone una entrada natural en el espacio de la clase de L2[7] del mundo exterior.

b)... Al hacer a los estudiantes conscientes de su propia cultura, en el fondo, les ayudamos a sensibilizarse respecto a la cultura de la lengua que estudian.

c) El anuncio constituye... una unidad cerrada, en la cual se controlan más fácilmente los elementos lingüísticos y culturales...

d) Desde el punto de vista lingüístico, supone la introducción de los diferentes registros... de una forma natural y contextualizada.

---

[7] Segunda lengua

Cabe añadir una característica importante de los anuncios que no se ha mencionado anteriormente, y es que "pueden llegar a durar de 30 segundos a un minuto, por lo que se les podría poner a los alumnos más de una vez durante la clase con el fin de una mayor efectividad de las actividades." (Argüelles, 2015, p.32).

Este punto final es importante ya que al ser posible la repetición del anuncio durante la sesión, todos los alumnos tendrían más posibilidades de entender el anuncio, y por tanto, las actividades que se piden. Es de gran relevancia el hecho de que los anuncios incluyan audio y vídeo al mismo tiempo, ya que es una forma de atender a la diversidad de los alumnos, permitiendo a todos una mejor comprensión. Atendiendo a la diversidad de todos los alumnos se consigue un mayor progreso en el aprendizaje, y a su vez, una mayor motivación y participación.

Por otra parte, hay que mencionar el **uso de los GIFs** que durante los últimos años está en auge. "Un GIF se define como una imagen animada, un fichero que combina varias imágenes y va alternando entre ellas" (Espeso, 2016). Es por eso que, Según Viñas (2016), las ventajas de usarlos son las siguientes:

- Reproducción inmediata

- Retención visual: …puede complementar y mejorar la comprensión de un concepto…

- Impacto emocional: …puede motivar, inspirar, hacer recordar o propiciar una reacción positiva en los alumnos.

- Animación de infografías: …permite dar un toque creativo a una imagen fija…captar la atención del lector.

2.5. Concepto de cultura en la enseñanza de idiomas

Finalmente, hay que hablar del concepto de cultura, que también aparece, aunque de forma sutil, en todos los anuncios. Para poder entender la importancia de la inclusión del factor cultural en la enseñanza de un segundo idioma hay que tener en cuenta la visión de varios autores. Seelye (1984) afirma que:

> El concepto de cultura mejor acogido actualmente embarca todos los aspectos de la vida del hombre, desde los cuentos populares hasta las ballenas talladas...está cada vez más claro que el estudio de la lengua no se puede separar del estudio de la cultura, y viceversa. (p.26).

Por otro lado, Pickens (2000) afirma que "los estudiantes de una segunda lengua están, de forma inevitable, enfrentados a una cultura diferente cuando estudian un segundo idioma". (p.348). Y Areizaga (2000, p.195) manifiesta que:

> El componente cultural actualmente es un campo de interés dentro de la enseñanza de lenguas... desde dos puntos de vista:
>
> 1.... el enfoque comunicativo ha puesto de manifiesto que el componente cultural es central en la enseñanza de lenguas:...se entiende que la cultura-meta constituye el contexto en el que la comunicación cobra sentido...
>
> 2.... hay un interés creciente por una educación intercultural que permita a los aprendices manejarse en las sociedades complejas y plurales de las que forman parte.

Por último, Sánchez (2009) dice que:

> Y en la medida en que la lengua es también transmisora de la cultura, su conocimiento se complica notablemente por la adición de elementos que no son propiamente lingüísticos. Conocer la cul-

21

tura implica no solamente saber cuál es el equivalente lingüístico de 'desayuno' en alemán, por ejemplo, sino también qué ingredientes componen el desayuno en cada cultura y a qué hora suele tener lugar. (p.5).

Todas estas referencias dan constancia de la importancia de incluir el estudio de la cultura del país de la segunda lengua para hacer más efectiva la adquisición de dicha lengua.

En conclusión, se puede observar que la evolución de los métodos de enseñanza de los idiomas anima a poner en práctica un método comunicativo en el que se estudien de forma conjunta todas las habilidades lingüísticas junto con la gramática. A esto hay que añadirle la importancia de enseñar a los alumnos la cultura del país de la segunda lengua para que el aprendizaje sea más real. El uso de medios audiovisuales ayuda a que los materiales y recursos utilizados en la clase de inglés puedan ser originales, al mismo tiempo que motivan al alumnado y lo hace más participativo. Dentro de los medios audiovisuales se puede observar el beneficio que ofrecen los anuncios publicitarios por sus características de brevedad, ser medios reales y enseñar la cultura del país de la segunda lengua.

La inclusión del uso de GIFs para el desarrollo de las habilidades lingüísticas de *listening* y *speaking* y el uso de los anuncios de forma constante hace que este proyecto educativo sea innovador en lo que a la mejora de la enseñanza del inglés en el aula se refiere.

3. Cómo mejorar la enseñanza del inglés

El objetivo general de esta obra es: "mejorar la enseñanza-aprendizaje del inglés mediante el uso de anuncios publicitarios y GIFs". Conseguir este objetivo es posible siempre y cuando se logren otros objetivos más específicos, como son:

1) Promover el visionado de anuncios publicitarios en versión original.

2) Conocer la cultura inglesa a través del visionado y estudio de anuncios publicitarios reales de Reino Unido.

3) Identificar expresiones inglesas y expresarlas en un contexto adecuado con una entonación correcta.

4) Mejorar la comprensión auditiva de conversaciones en versión original a través del visionado de anuncios reales ingleses.

5) Fomentar la expresión comunicativa mediante conversaciones entre compañeros o debates en clase.

4. Estrategias metodológicas

Las estrategias metodológicas son la principal referencia sobre cómo enseñar. En esta obra se va a diferenciar entre principios metodológicos básicos y principios metodológicos específicos. Los primeros son la base científica para que este proyecto se pueda desarrollar de forma satisfactoria, teniendo en cuenta principalmente a los alumnos. Los principios metodológicos específicos harán referencia a los aspectos propios de este proyecto, es decir, cómo se va a llevar a cabo.

4.1. Principios metodológicos básicos

La educación está concebida como un proceso constructivo en el que la relación y la actividad entre el profesor y el alumno da lugar a un aprendizaje significativo, ya que el profesor ayuda a consolidar la experiencia y los conocimientos previos del alumno con los nuevos contenidos. Para conseguir alcanzar este aprendizaje significativo, el profesor necesita cumplir con los siguientes requisitos:

- Partir del nivel de desarrollo cognitivo del alumno y de su conocimiento previo. El alumno parte de lo que él ya sabe cuando se encuentra con una nueva situación de aprendizaje. Si el profesor no tiene en cuenta los conocimientos previos del alumno, el alumno no podrá construir un aprendizaje significativo.

- Un aprendizaje significativo implica que se deben poner al alcance de los alumnos situaciones que tengan sentido para ellos. Por lo tanto, los contenidos a estudiar deben ser adecuados y adaptados a las posibilidades cognitivas de los alumnos. Los alumnos deben ser motivados para que puedan construir su aprendizaje.

- El aprendizaje significativo precisa de un papel activo del profesor. Es decir, el profesor debe promover un aprendizaje interactivo en la clase.

- Aprender a aprender. El profesor debe permitir que los alumnos lleven a cabo un aprendizaje significativo a través del uso de la reflexión y la asimilación de contenidos de una forma apropiada.

Teniendo en cuenta que el currículo de Educación Primaria (RD 198/2014, de 5 de septiembre) para una lengua extranjera favorece el Método Comunicativo, el principal objetivo que los estudiantes deben conseguir es obtener una competencia comunicativa. Para esto, se deben tener en cuenta las siguientes implicaciones:

- Metodología centrada en el alumno. El profesor ya no es el centro del proceso de enseñanza-aprendizaje. El objetivo es que los alumnos interactúen unos con otros para reflejar situaciones de la vida real. Como consecuencia, se le deberá poner más énfasis a modos activos de aprendizaje. Por ejemplo, se animará a los alumnos a trabajar en parejas o en grupos pequeños para que puedan interactuar y comunicarse de forma más fluida.

- El papel del profesor. El profesor debe ser mediador y monitor en vez de líder de la clase. De esta forma, las sesiones se construirán alrededor de situaciones prácticas y auténticas de la vida real.

- Fuente de información lingüística. El profesor debe hablar en clase lo mínimo posible. Sin embargo, el profesor es una de las fuentes de información lingüística que tienen los alumnos. Por eso, cuando el profesor hable debe hacerlo en la segunda lengua, es decir, inglés.

- El papel del alumno. El alumno debe tener un papel activo. Se espera de los alumnos que se comuniquen en el segundo idioma tanto como les sea posible, teniendo que tomar decisiones, arriesgarse y formular hipótesis sobre las funciones del lenguaje.

- *Input-Output.* Para poder comunicarse de forma efectiva, los alumnos deben obtener un *input*[8] comprensible y producir un *output*[9] comprensible también. Krashen (1981) dice que "la condición para que la adquisición de una segunda lengua ocurra es que, el que está aprendiéndola entienda (a través de oír y leer) la estructura del idioma de entrada 'un poquito más allá' de su nivel de competencia..." (p.100). Teniendo en cuenta esto, los alumnos deben tener una exposición al idioma de forma que esté en su límite de comprensión para conseguir que el aprendizaje se desarrolle de forma automática.

- Competencia comunicativa. El objetivo deseado es que los alumnos sean capaces de sobrevivir, conversar y ser entendidos en el segundo idioma.

Por consiguiente, las clases de inglés no deben estar enfocadas al aprendizaje de la gramática solamente, sino también a la enseñanza de competencias tales como la discursiva, la sociolingüística, la estratégica y la sociocultural para así conseguir una comunicación efectiva.

Para conseguir esta competencia comunicativa, las actividades deben estar contextualizadas alrededor de tareas comunicativas cuyo principal objetivo sea promover la comunicación. La gramática no debe ser puesta en segundo lugar, pero sí debe ser considerada como una herramienta que ayuda a comunicarse de forma más efectiva, en lugar de ser el centro del proceso de enseñanza-aprendizaje.

Por lo tanto, se le da una primacía a los trabajos orales, pero para asegurarse los mejores resultados en el aprendizaje del inglés, también se debe poner

---

[8] Lengua de entrada

[9] Lengua de salida

énfasis en el desarrollo del resto de las habilidades, es decir, lectura, escucha y escritura. Todas las habilidades se deben integrar para poder conseguir un aprendizaje significativo.

La atención a la diversidad es otro aspecto importante dentro de la metodología ya que los alumnos están siempre en el centro del proceso de enseñanza-aprendizaje del inglés. Por eso, la enseñanza debe ser individualizada. No se debe enseñar a la media de la clase, sino que se deben tener en cuenta las características específicas de los alumnos. Para entender la diversidad de los alumnos, se deben tener en cuenta los siguientes aspectos:

o Desarrollo cognitivo

Cada alumno tiene su propia habilidad para aprender y recodar cosas, pero esto no es sinónimo de capacidad intelectual. Todos los alumnos deben alcanzar un nivel mínimo siempre que se trabaje de forma estable, aunque pueden diferir en el ritmo de aprendizaje. Una clase tendrá una variedad de alumnos con diferentes habilidades, por ello, a la hora de planificar las actividades habrá que realizar diferentes niveles para la misma actividad. Se facilitarán actividades más sencillas para aquellos alumnos con más dificultades, y se proporcionará material suplementario para los alumnos con mayor capacidad para aprender el inglés.

o Estilos de aprendizaje

En los últimos años los estilos de aprendizaje han sido el centro de múltiples investigaciones. Se han distinguido tres estilos de aprendizaje:

- Aprendizaje visual. Los alumnos aprenden a través de la vista. Se centran en problemas específicos y proceden a través de un razonamiento hipotético-deductivo. Suelen ser buenos en la construcción de puzles, lectura, escritura, entender gráficas, manipular imágenes, construcción, arreglar cosas, e interpretar imágenes.

- Aprendizaje auditivo. Los alumnos aprenden a través del oído. Son alumnos más comunicativos y aprenden de escuchar al profesor y tomar notas. Tienen una inteligencia verbal. Entre sus habilidades se pueden encontrar: escuchar, escribir, contar historias, recordar información, analizar el uso del lenguaje.

- Aprendizaje kinestésico. Los alumnos aprenden a través del movimiento y el tacto. Tienen una inteligencia corporal. Suelen ser buenos en baile, deporte, experimentar con las manos, usar el lenguaje corporal, actuar, hacer mímica y expresar sentimientos a través del cuerpo.

o Intereses y necesidades

El interés en aprender un segundo idioma dependerá de la motivación y la necesidad de cada estudiante. Por lo que para conseguir el propósito principal de todo proceso de enseñanza-aprendizaje de un idioma, es decir, que los alumnos se comuniquen de forma efectiva, hay que tener en cuenta los intereses de los alumnos para elaborar las actividades.

4.2. Principios metodológicos específicos

Todos los principios metodológicos que se han explicado en el punto anterior ayudan a establecer la metodología a seguir para la elaboración de este proyecto educativo.

El currículo de Educación Primaria (RD 198/2014, de 5 de septiembre) establece que los centros escolares podrán disponer de una hora más de la asignatura de inglés a la semana denominada como "Profundización en inglés". Será durante esta hora extra donde se llevará a cabo este proyecto educativo.

Durante el primer trimestre del curso escolar se seguirá el plan de trabajo establecido en la programación de centro para la asignatura de inglés. De esta forma, los alumnos retomarán el contacto con la asignatura después del período vacacional estival. Durante este período se pasarán a los alumnos cuestionarios sobre temas relacionados con la cultura inglesa y, también, sobre expresiones típicas inglesas para saber su nivel de conocimiento sobre este tema y poder así planificar actividades acordes a las necesidades de los alumnos.

Durante el segundo trimestre del curso escolar se implementará el proyecto educativo. Durante la hora de profundización en inglés, se llevarán a cabo las actividades relacionadas con el proyecto (ver apartado 5.1). Se visualizarán vídeos con anuncios publicitarios anunciados en la televisión del Reino Unido, y se trabajarán GIFs con expresiones típicas inglesas para practicar la pronunciación y entonación de la lengua.

En el tercer trimestre la hora de profundización de inglés se dedicará a seguir practicando la lengua oral con conversaciones relacionadas con los contenidos estudiados en el trimestre anterior durante la realización del proyecto.

- Estructura del proyecto

Cada sesión tendrá una estructura interna, es decir, una forma específica de organizar las actividades. Su organización se presenta con tres tipos de actividades: pre-actividad, actividad y post-actividad. Cada actividad tendrá un objetivo específico predeterminado anteriormente.

- La pre-actividad tendrá una doble función. Por un lado, servirá para que los alumnos recuerden los conocimientos previos adquiridos durante las clases de inglés en cuanto a contenidos y vocabulario se refiere. Y por otro lado, será una introducción al tema que presenta el anuncio publicitario. Los alumnos tendrán que adivinar el contenido del anuncio para que les resulte más cómodo su visionado. El profesor les proporcionará varias ideas y ellos tendrán que debatir con el compañero sobre la posible temática del anuncio.

- En el transcurso de la actividad propiamente dicha, los alumnos tendrán que llevar a cabo una tarea concreta en relación con el anuncio visto. Tras realizar la actividad sobre el anuncio publicitario, se trabajará con un GIF que contenga una expresión típica inglesa. Los alumnos deberán practicar la pronunciación y la entonación al igual que saber reconocer en qué contextos reales se podría utilizar.

- Finalmente, en la post-actividad, se pedirá a los alumnos que produzcan un texto, tanto de forma oral como escrita, teniendo en cuenta lo que han aprendido durante la sesión. Cabe mencionar que todas las habilidades se trabajan de forma conjunta, están integradas de forma que se puedan llevar a cabo actividades de comunicación reales. La gramática que se ha ido estudiando durante las sesiones anteriores también será integrada para llevar a cabo estas actividades. Esta actividad final es considerada como una actividad de consolidación en la que los alumnos tienen como misión producir *output* comunicativo. Para ello, podrán usar cualquier otro vocabulario, gramática y estrategias de comunicación que ya sepan.

Con la realización de estas tres actividades se pretende alcanzar los objetivos propuestos para este proyecto educativo.

- Agrupación de los alumnos

Es importante tener en cuenta que el objetivo principal de todas las sesiones es conseguir una competencia comunicativa. Por ello, es de vital relevancia promover actitudes sociales y un clima de cooperación en la clase que favorezca la adquisición del conocimiento.

Los alumnos se organizarán en parejas o pequeños grupos, según la actividad planteada, para favorecer la interacción entre ellos, acrecentar la fluidez del lenguaje y maximizar la participación.

- Para la pre-actividad, los alumnos estarán distribuidos en pequeños grupos para conseguir el mayor número de ideas posibles sobre el tema del anuncio. Se pedirá a los alumnos que todas las interacciones las hagan en la segunda lengua.

- Durante la actividad principal habrá dos momentos clave. Primero, el visionado del anuncio publicitario que los alumnos harán de forma individual y en silencio. Segundo, la realización de la tarea que se hará por parejas para conseguir que los alumnos entiendan la mayor parte de la actividad posible. De esta forma, se podrán ayudar unos a otros fomentando el trabajo cooperativo.

- Finalmente, para la post-actividad, se volverán a agrupar y así compartir sus respuestas. Se animará a los alumnos a que comiencen un debate tras compartir sus respuestas y que puedan comparar la cultura de los dos países (Reino Unido y España) hablando siempre desde el respeto y la tolerancia.

Es importante mencionar que se tendrán en cuenta la diversidad de los alumnos a la hora de agruparlos. Así, los podremos agrupar de dos formas diferentes dependiendo de la actividad:

1) Grupos con el mismo nivel cognitivo. Los alumnos realizarán actividades adaptadas a su nivel, así todos estarán cómodos en clase.

2) Grupos heterogéneos. Los alumnos que tengan una capacidad cognitiva más baja se sentarán cerca de los más avanzados, de forma que les puedan ayudar.

5. Contenidos

En la Tabla 1 se presentan los contenidos del 4º curso de primaria de la asignatura de inglés pertenecientes al bloque 1 y 2 sobre comunicación oral, tanto comprensión como producción de textos orales (RD 198/2014, de 5 de septiembre). En la columna de la derecha se pueden ver los contenidos del proyecto mediante los que se van a trabajar los contenidos del curso.

Tabla 1

Relación contenidos curso/proyecto

RELACIÓN CONTENIDOS CURSO/PROYECTO	
CONTENIDOS DEL CURSO	**CONTENIDOS DEL PROYECTO**
BLOQUE 1: COMPRENSIÓN DE TEXTOS ORALES	-Expresiones típicas inglesas para indicar asombro, miedo, enfado,…
-Movilización de información previa sobre tipo de tarea y tema.	-Pronunciación y entonación de las expresiones inglesas.
-Formulación de hipótesis sobre contenido y contexto.	-Aspectos culturales del Reino Unido relacionados con:
-Aspectos socioculturales y sociolingüísticos: normas de cortesía, costumbres, valores, creencias y actitudes, lenguaje no verbal.	• El transporte • Días festivos (Día del Padre, Día de la Madre…)
-Comprensión de narraciones orales sencillas y cercanas a la realidad de los alumnos.	• Comida • Restaurantes, cafeterías, tiendas de comida rápida…
-Establecimiento y mantenimiento de la comunicación.	• Supermercados, centros comerciales….
-Patrones sonoros, acentuales, rítmicos y de entonación.	• Moda • Vacaciones de verano, Navidad, Semana Santa
BLOQUE 2: PRODUCCIÓN DE TEXTOS ORALES: EXPRESIÓN E INTERACCIÓN	• Compromiso con ONGs
-Planificación.	-Diferencias y similitudes entre el Reino Unido y España.
-Concebir el mensaje con claridad,	

distinguiendo su idea o ideas principales y su estructura básica.

-Expresar el mensaje con claridad,
frases cortas y sencillas.

-Trabajo individual y en equipo.

-Apoyarse en y sacar el máximo par-
tido de los conocimientos previos.

-Usar lenguaje corporal culturalmen-
te pertinente (gestos, expresiones
faciales, posturas, contacto visual o
corporal).

-Usar sonidos extralingüísticos, tales
como ademanes, gestos, emotividad,
que enriquecen la expresión oral.

-Aspectos socioculturales y sociolin-
güísticos: normas de cortesía, cos-
tumbres, valores, creencias y actitudes, lenguaje no verbal.

-Producción de narraciones orales
sencillas y cercanas a la realidad de
los alumnos.

-Establecimiento y mantenimiento de
la comunicación.

-Patrones sonoros, acentuales, rítmicos y de entonación.

5.1. Actividades

El proyecto consta de un total de 12 actividades. Aquí se presentan solamente tres actividades correspondientes a las primeras tres semanas del segundo trimestre del curso escolar. El resto de actividades deberán ser elaboradas de

acuerdo a los gustos e intereses de los alumnos del grupo donde se va a implementar este proyecto.

Es importante mencionar que todas las actividades contribuyen a la consecución de todos los objetivos específicos planteados en este proyecto, como se puede comprobar en la **Tabla 2**:

Tabla 2

Contribución actividades a objetivos específicos

OBJETIVOS ESPECÍFICOS	SESIÓN 1	SESIÓN 2	SESIÓN 3
1. Promover el visionado de anuncios publicitarios en versión original.	Actividad principal.	Actividad principal.	Actividad principal.
2. Conocer la cultura inglesa a través del visionado y estudio de anuncios publicitarios reales de Reino Unido.	Actividad principal y post-actividad.	Actividad principal y post-actividad.	Actividad principal y post-actividad.
3. Identificar expresiones inglesas y expresarlas en un contexto adecuado con una entonación correcta.	Actividad con el GIF.	Actividad con el GIF.	Actividad con el GIF.
4. Mejorar la comprensión auditiva de conversaciones en versión original a través del visionado de anuncios reales ingleses.	Actividad principal.	Actividad principal.	Actividad principal.
5. Fomentar la expresión comunicativa mediante conversaciones entre compañeros o debates en clase.	Post-actividad.	Post-actividad.	Post-actividad.

A continuación se muestran los esquemas de las primeras tres actividades del proyecto. En ellos se especifican los objetivos, contenidos y duración de las actividades y la agrupación de los alumnos. En el anexo 1 se muestra la primera actividad completa.

SEMANA 1

ANUNCIO PUBLICITARIO: **ENGLISH FOR BEGINNERS**

OBJETIVOS:

1. Reconocer las palabras que se dicen.

2. Hablar sobre las diferentes formas de aprender un idioma.

OBJETIVO CULTURAL: Conocer el movimiento migratorio de Polonia a Reino Unido.

CONTENIDOS: Uso de Presente Simple.

ACTIVIDAD	OBJETIVO	AGRUPACIÓN	DURACIÓN
Inicial	Adivinar posibles temas del anuncio	Parejas	5′
Durante	Contestar a las preguntas sobre el vídeo visto	Individual y grupos	20′
Final	Realizar un debate sobre los métodos de aprender un idioma	Grupos y toda la clase	20′

GIF

ACTIVIDAD	OBJETIVOS	AGRUPACIÓN	DURACIÓN
Visionado del GIF	1. Practicar la pronunciación y la entonación. 2. Reconocer las situaciones donde se puede usar la expresión.	Parejas	15′

SEMANA 2

ANUNCIO PUBLICITARIO: **HARIBO RUGBY PLAYERS**

OBJETIVOS:
1. Reconocer los adjetivos que se dicen.
2. Hablar sobre los deportes y el compañerismo.
OBJETIVO CULTURAL: Conocer los deportes más practicados en Reino Unido.
CONTENIDOS: Uso de adjetivos y vocabulario de deportes.

ACTIVIDAD	OBJETIVO	AGRUPACIÓN	DURACIÓN
Inicial	Adivinar posibles temas del anuncio.	Parejas	5′
Durante	Contestar a las preguntas sobre el vídeo visto.	Individual y grupos	20′
Final	Realizar un debate sobre los tipos de deportes.	Grupos y toda la clase	20′

GIF

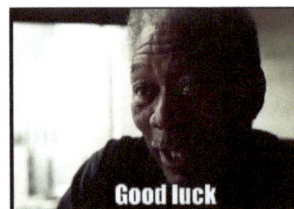

ACTIVIDAD	OBJETIVOS	AGRUPACIÓN	DURACIÓN
Visionado del GIF	1. Practicar la pronunciación y la entonación. 2. Reconocer las situaciones donde se pueden usar las expresiones	Parejas	15′

ANUNCIO PUBLICITARIO: **CHRISTMAS CARROT LIDL**

OBJETIVOS:
1. Reconocer las palabras que se dicen.
2. Hablar sobre la navidad.
OBJETIVO CULTURAL: Conocer la comida típica en navidad en Reino Unido.
CONTENIDOS: Uso de Presente Simple y vocabulario relacionado con la comida.

ACTIVIDAD	OBJETIVO	AGRUPACIÓN	DURACIÓN
Inicial	Adivinar posibles temas del anuncio	Parejas	5′
Durante	Contestar a las preguntas sobre el vídeo visto	Individual y grupos	20′
Final	Realizar un debate sobre la navidad en España y U.K.	Grupos y toda la clase	20′

GIF

ACTIVIDAD	OBJETIVOS	AGRUPACIÓN	DURACIÓN
Visionado del GIF	1. Practicar la pronunciación y la entonación. 2. Reconocer las situaciones donde se pueden usar las expresiones.	Parejas	15′

5.2. Secuenciación del proyecto

En la **Tabla 3** se presenta la secuenciación del proyecto dividido en tres partes correspondientes a los trimestres del curso escolar.

Tabla 3

Secuenciación del proyecto

Trimestre			Actividad	Sesiones	Semana
1er TRIMESTRE	**FASE DE**	**INICIACIÓN**	Cuestionario	1	Semana 9
			Cuestionario	1	Semana 10
			Cuestionario	1	Semana 11
			La Fase de Iniciación comprenderá tres semanas del primer trimestre, desde la 9 hasta la 11. Cada semana se realizará un cuestionario distinto para saber el nivel de conocimiento de los alumnos sobre los contenidos a tratar en el proyecto.		
2°TRIMESTRE	**FASE DE IMPLEMENTACIÓN**		English for Beginners	1	Semana 1
			Haribo Rugby Players	1	Semana 2
			Christmas Carrot Lidl	1	Semana 3
				1	Semana 4
				1	Semana 5
				1	Semana 6
				1	Semana 7
				1	Semana 8
				1	Semana 9
				1	Semana 10
				1	Semana 11
				1	Semana 12
			La Fase de Implementación del proyecto tendrá lugar durante el segundo trimestre. Habrá una sesión por semana durante las 12 semanas que dura este trimestre. Cada sesión dispondrá de un anuncio publicitario y un GIF diferentes relacionados con los contenidos del proyecto. Du-		

		rante estas 12 semanas se trabajarán el *listening* y el *speaking*, y se discutirán cuestiones culturales británicas e interculturales entre Reino Unido y España.		
		El objetivo principal de estas sesiones es conseguir los objetivos planteados en el proyecto.		
3er TRIMESTRE	FASE DE REPASO/CONSOLIDACIÓN	Repaso	1	Semana 1
		Repaso	1	Semana 2
		Repaso	1	Semana 3
		Repaso	1	Semana 4
		Repaso	1	Semana 5
		Repaso	1	Semana 6
		Repaso	1	Semana 7
		Repaso	1	Semana 8
		La Fase de Repaso o Consolidación tendrá lugar durante el último trimestre. Una sesión cada semana que se dedicará a repasar los contenidos vistos en el trimestre anterior. Así, los alumnos harán un proceso de consolidación de los conceptos estudiados y trabajados. Los alumnos elegirán los temas para estas sesiones.		

Es importante seguir esta secuenciación porque se trabaja de forma asidua y constante consiguiendo así que los alumnos adquieran más fluidez a la hora de entender reproducciones en versión original y producir textos orales.

5.3. Recursos y materiales

Los materiales y los recursos son los instrumentos a utilizar por parte de profesores y alumnos, para que se pueda desarrollar el proceso de enseñanza y aprendizaje. Para este proyecto educativo se van a utilizar materiales y recursos reales extraídos de anuncios publicitarios que se emiten en la televisión británica a día de hoy. De esta forma, se pretende que los alumnos estén más motivados ya que pueden ver ejemplos reales del uso del inglés. Para que la consecución de los objetivos se consiga de una forma satisfactoria, habrá que hacer una selección de anuncios publicitarios que satisfaga los gustos y motivaciones de los alumnos, al igual que tenga en cuenta la diversidad de los mismos.

- Como recursos visuales se va a utilizar una pizarra digital, recursos imprimibles con actividades para antes, durante y/o después de la visualización del vídeo, los alumnos tendrán diccionarios a su disposición para la búsqueda de vocabulario. Si el anuncio es escrito, se usarán pósteres que muestren el anuncio verdadero. Es importante que todo el material esté con color para motivar al alumnado.

- En cuanto a los recursos auditivos, se van a utilizar anuncios publicitarios extraídos de internet que se visualizarán en la pizarra digital.

- No hay que olvidar los recursos tecnológicos que son los más importantes para llevar a cabo este proyecto, pues como se ha mencionado con anterioridad, el uso de las nuevas tecnologías está en auge y es algo que se debe incorporar en el aprendizaje de una segunda lengua.

En definitiva, se puede concluir que se van a utilizar recursos audiovisuales para poder mostrar los anuncios publicitarios y realizar los trabajos apropiados para la consecución de los objetivos propuestos.

6. Evaluación

La evaluación es una parte integral de este proyecto educativo mediante la cual se valorará si se han alcanzado los objetivos propuestos y si el proyecto es viable. Es un proceso complicado en el que intervienen varios agentes (QUIÉN evalúa: el profesor y los alumnos); se analizan varios aspectos (QUÉ evaluar: la consecución de los objetivos, los materiales y recursos, el plan de aprendizaje, etc.); por varias razones (POR QUÉ evaluar: para comprobar la validez y eficacia del proyecto); en varios momentos (CUÁNDO evaluar: al principio, durante la implantación del proyecto y al final).

Por qué evaluar

La evaluación es un aspecto global que implica un proceso de toma de decisiones. Es decir, la evaluación es un juicio de valores que se hace sobre cualquier elemento del proceso de enseñanza-aprendizaje. Así, los resultados obtenidos del proceso de evaluación se usan para decidir si los aspectos del proyecto (actividades, contenidos, secuenciación, puesta en escena) son efectivos o si se necesita modificar algo para que los objetivos planteados se consigan de forma más eficiente. Por tanto, se evalúa por dos razones principales: ver si los objetivos propuestos se han adquirido, y para mejorar el proceso de enseñanza-aprendizaje durante la fase de implementación del proyecto.

Qué evaluar

Todo el proceso de enseñanza-aprendizaje que se lleva a cabo durante la implementación del proyecto se debe evaluar. Se evalúa el proceso de enseñanza comprobando si los materiales usados son apropiados para el desarrollo de las actividades. También se debe evaluar si con las actividades propuestas se han conseguido los objetivos planteados (ver anexo 2). Y por último, se debe evaluar el papel del profesor en todo el proceso de enseñanza.

En cuanto al proceso de aprendizaje, se debe evaluar si los alumnos han adquirido las habilidades y el conocimiento del idioma expresado en los objetivos propuestos. En definitiva, se debe evaluar si se han alcanzado los objetivos propuestos.

Quién evalúa

Los protagonistas en el proceso de evaluación son tanto el profesor como los alumnos. Todos evaluarán los materiales y recursos usados y la intervención del profesor. Se pasarán varios cuestionarios sobre el desarrollo de las actividades. También, se admitirán comentarios hechos al profesor a través de entrevistas personales, de forma que se descubran problemas no captados mediante la observación.

Cuándo se evalúa

Se evaluará durante tres momentos del proceso de implementación del proyecto: al principio, durante y al final.

- Al principio del inicio del proyecto se hará una evaluación inicial para comprobar el conocimiento de los alumnos sobre el tema propuesto y las expectativas de los mismos sobre las actividades que se llevarán a cabo. Esta evaluación inicial se realizará durante el primer trimestre. El principal objetivo de esta evaluación es partir de ese conocimiento y no repetir lo que ya saben.

- Durante la implementación del proyecto se realizará una evaluación formativa y continúa. Al finalizar cada sesión se tomarán notas de los aspectos más significantes que hayan tenido lugar durante la clase. Se tendrá en cuenta la motivación de los alumnos, si el uso de los medios audiovisuales los ha animado a ser más participativos, si han aprendido expresiones inglesas, si son capaces de mantener conversaciones sobre temas culturales, entre otros aspectos.

- Al final del proyecto se hará una evaluación sumativa para comprobar si los resultados obtenidos son favorables y la eficacia del proyecto.

Cómo evaluar

Para poder llevar a cabo el proceso de evaluación se necesita usar varios instrumentos y procedimientos.

Para la evaluación inicial los instrumentos usados serán:

- Cuestionarios sobre temas culturales del Reino Unido. Se utilizarán para comprobar el conocimiento sobre el tema que tienen los estudiantes.

La evaluación formativa se lleva a cabo a través de una mezcla de procesos objetivos y subjetivos. El proceso objetivo se llevará a cabo a través de pruebas específicas que comprueben si los alumnos han alcanzado los objetivos propuestos en el proyecto. Para ello hay que hacer uso de los criterios de evaluación presentados en el currículo de Educación Primaria (RD 198/2014, de 5 de septiembre). En la **Tabla 4** se muestran los contenidos del curso y los estándares de aprendizaje evaluables que servirán para evaluar los contenidos y objetivos del proyecto.

Tabla 4

Relación contenidos y estándares de aprendizaje

BLOQUE 1: COMPRENSIÓN DE TEXTOS ORALES	
CONTENIDOS	**ESTÁNDARES DE APRENDIZAJE**
Formulación de hipótesis sobre contenido y contexto.	Formula hipótesis para la comprensión de textos orales muy sencillos.
Movilización de información previa sobre tipo de tarea y tema.	Comprende las ideas principales de presentaciones sencillas sobre temas familiares o de su interés siempre y cuando se hable de manera lenta y clara.
Aspectos socioculturales y sociolingüísticos: normas de cortesía, costumbres, valores, creencias y actitu-	Identifica costumbres propias de los países de la lengua extranjera en un texto oral.

des, lenguaje no verbal.

Patrones sonoros, acentuales, rítmicos y de entonación

CONTENIDOS	ESTÁNDARES DE APRENDIZAJE
Comprensión de narraciones orales sencillas y cercanas a la realidad de los alumnos.	Comprende el sentido general y lo esencial de material audiovisual dentro de su área de interés.
	Comprende información específica de programas infantiles audiovisuales.
Establecimiento y mantenimiento de la comunicación.	Reconoce y entiende el vocabulario de alta frecuente relativo a sus necesidades e intereses.

BLOQUE 2:
PRODUCCIÓN DE TEXTOS ORALES: EXPRESIÓN E INTERACCIÓN

CONTENIDOS	ESTÁNDARES DE APRENDIZAJE
Planificación. Concebir el mensaje con claridad, distinguiendo su idea principal. Expresar el mensaje con claridad, frases cortas y sencillas. Apoyarse en y sacar el máximo partido de los conocimientos previos.	Produce un texto oral sencillo utilizando estrategias básicas como parafrasear y pedir ayuda para producir textos orales muy breves y sencillos.
Usar lenguaje corporal culturalmente pertinente (gestos, expresiones faciales, posturas, contacto visual o corporal). Aspectos socioculturales y sociolingüísticos: normas de cortesía, costumbres, lenguaje no verbal.	Utiliza el vocabulario y expresiones sencillas de costumbres propias de los países de la lengua extranjera, en textos orales sencillos.
Establecimiento y mantenimiento de la comunicación.	Participa activamente y de manera espontánea, en actividades de aula, usando la lengua extranjera como instrumento para comunicarse.
Trabajo individual y en equipo	Participa de forma cooperativa (en parejas o pequeños grupos) en una entrevista sencilla.
Producción de narraciones orales	Utiliza con precisión el vocabulario y

44

sencillas y cercanas a la realidad de los alumnos.	estructuras de alta frecuencia, para expresar sus intereses.
Patrones sonoros, acentuales, rítmicos y de entonación.	
Usar sonidos extralingüísticos, tales como ademanes, gestos, emotividad, que enriquecen la expresión oral.	

El proceso subjetivo se lleva a cabo a través de la observación directa de los alumnos y mediante el uso de los siguientes instrumentos:

- El diario del profesor. El profesor dispondrá de un cuaderno donde anotará el desarrollo de la sesión y el nivel de éxito. También se anotará si la organización de la clase ha funcionado. Ver Anexo 3.

- El cuaderno del alumno. El profesor tendrá un cuaderno donde anotará el progreso de los alumnos en cuanto a los contenidos tratados en la sesión.

- Autoevaluación. Al final de la sesión los alumnos realizarán una autoevaluación de su proceso de aprendizaje para conocer si se han alcanzado los objetivos propuestos.

- Coevaluación. Los alumnos verán el trabajo de otros compañeros y el profesor podrá ver el nivel de participación e involucración de los alumnos.

Para la realización de la evaluación sumativa se usarán los siguientes instrumentos:

- Hoja de evaluación sumativa. Toda la información recogida de la evaluación formativa se reflejará en esta hoja junto con el análisis de la adecuación de los materiales usados, y servirá para ver si el proyecto ha cumplido con las expectativas. Esta evaluación se tendrá en cuenta para mejorar el proyecto en años posteriores mediante la adaptación de materiales, actividades, objetivos…, si fuese necesario. Ver Anexo 4.

7. Reflexión y valoración personal

La elaboración de este proyecto innovador educativo me ha servido para involucrarme de forma profesional en los aspectos a mejorar dentro de la planificación y puesta en práctica de las sesiones de inglés en un colegio de Educación Primaria.

Tras haber detectado los aspectos a mejorar en la clase de inglés para que la adquisición de la segunda lengua se haga de forma más autónoma y eficiente, y con propósito de conseguir que los alumnos estén más motivados y participativos en clase, se ha desarrollado este proyecto y plan de trabajo para llevar a cabo en una clase de primaria.

El uso de las nuevas tecnologías es algo básico y fundamental hoy en día para la enseñanza de idiomas, y aún más con la aparición de los libros digitales. Es por eso que es necesario que el profesor se actualice en la forma de implementar sus sesiones y utilice recursos que sean motivadores para los alumnos.

Tras repasar la evolución de los métodos de enseñanza de idiomas, se observa cómo el uso de imágenes es un recurso muy útil para la adquisición de una segunda lengua. Por lo tanto, este proyecto presenta anuncios publicitarios para la mejora de la enseñanza-aprendizaje del inglés. Los anuncios publicitarios aúnan el uso de las imágenes y el uso de las nuevas tecnologías. Además, se han analizado las cuestiones que hace que los anuncios publicitarios sean tan valiosos para estas sesiones, por ejemplo, que presentan material real en versión original.

Como aspecto innovador se presenta un uso continuado de los anuncios para poder comprobar mejor el avance de los alumnos. También se va a hacer uso de los GIFs, imágenes en movimiento muy comunes hoy en día, y muy útiles para presentar expresiones y analizar su pronunciación y entonación.

Por lo tanto, este proyecto persigue que haya una mejora en la enseñanza-aprendizaje del *listening* y el *speaking* en la clase de inglés. Para ello, utiliza el visionado de anuncios publicitarios en versión original para mejorar la comprensión auditiva de conversaciones reales y fomentar la expresión comunicativa mediante conversaciones entre compañeros. Además, pretende que los alumnos conozcan la cultura inglesa y que consigan identificar expresiones inglesas y expresarlas en un contexto adecuado.

El proyecto se plantea para llevarlo a cabo en el segundo trimestre del curso escolar. Se plantea así para tener tiempo en el primer trimestre de conocer a los alumnos y saber cuáles son sus gustos e intereses, y así poder elegir anuncios publicitarios adecuados. Durante el tercer trimestre se harán actividades de repaso para que no olviden los contenidos tratados durante el período de implementación del proyecto.

La temporalización del proyecto ayuda a su viabilidad ya que el profesor dispondrá de tiempo para la búsqueda de anuncios publicitarios actuales y la elaboración de las actividades. Debido a la continua aparición de anuncios publicitarios nuevos en televisión, el proyecto se podría realizar durante varios años seguidos, pudiendo ofrecer actividades nuevas cada año.

Considero que la figura del profesor es fundamental para que los alumnos se sientan motivados y con ilusión de aprender un segundo idioma. La función del profesor en este proyecto es elegir los anuncios publicitarios, los GIFs y plantear actividades novedosas que interesen a los alumnos. En este trabajo se presentan tres actividades modelo, ya que el resto de actividades deberán ser elaboradas tras conocer al grupo de alumnos donde se va a dar clase, pero se sugiere ir cambiando los anuncios publicitarios cada año para poder estar actualizados con lo que se ve en las televisiones británicas.

Creo que este proyecto sería beneficioso para la mejora de la enseñanza-aprendizaje del inglés en una clase de primaria porque ofrece la posibilidad de trabajar de forma asidua con elementos visuales que suelen ser muy aceptados por los alumnos. De igual forma, al trabajar la mayoría de las actividades en parejas o pequeños grupos, los alumnos no se sienten cohibidos ni avergonzados de cometer errores, por lo que se soltarán a hablar más cómodamente consiguiendo así una mayor fluidez en la segunda lengua.

Este proyecto no se ha podido llevar a cabo, pero su planteamiento me ha hecho darme cuenta de las diversas opciones que podemos encontrar para plantear actividades alternativas al típico libro y libro de ejercicios que normalmente tienen los alumnos en la asignatura de inglés. Los docentes deben involucrarse en el proceso educativo y transmitir a los alumnos el interés y la innovación a la hora de plantear las actividades.

En definitiva, considero que su puesta en práctica sería positiva y se podría ver la mejora en los alumnos tanto en el *listening* como en el *speaking*. Por otro lado, es cada vez más común que algunos anuncios en la televisión española sean en versión original, por lo que con este proyecto se está favoreciendo a que los alumnos entiendan estos anuncios.

8. Referencias bibliográficas

- Abio, G. (2011). *Un paseo por la evolución de la metodología de enseñanza de lenguas extranjeras con foco en el papel de la comprensión auditiva, la expresión oral y las tecnologías de apoyo.* Tesis de máster no publicada. Universidad Federal de Aragoas, Brasil.

- Areizaga, E. (2000). El componente cultural en la enseñanza de lenguas extranjeras. *Revista de Psicodidáctica, 9*, 194-202.

- Argüelles, A. (2015). *Los Anuncios en la Clase de ELE: Una Propuesta Didáctica.* Tesis de máster no publicada. Universidad de Oviedo, España.

- Bigné, E. (2003). *Promoción Comercial: Un Enfoque Integrado.* Madrid: ESIC.

- Espeso, P. (2016). *¿Cómo hacer tus propios GIFS o imágenes animadas y usarlos en educación.* Educación 3.0. Recuperado el 21 de mayo de 2017 en http://www.educaciontrespuntocero.com/recursos/como-hacer-gifs-imagenes-animadas-recurso-educacion/33380.html

- Graddol, D. (1997). *The Future of English? A Guide to Forecasting the Popularity of the English Language in the 21st Century.* Londres: British Council.

- Hernández, F. (2000). Los Métodos de Enseñanza de Lenguas y las Teorías de Aprendizaje. *Encuentro: revista de investigación e innovación en la clase de idiomas, 11*, 141-153.

- Krashen, S. (1981). *Second Language Acquisition and Second Language Learning.* Oxford: OUP.

- Lialikhova, D. (2014). *The use of video in English language teaching: A case study in a Norwegian lower secondary school.* Tesis de máster no publicada. University of Stavanger, Stavanger, Noruega.

- OECD (2017), Access to computers from home (indicator). doi: 10.1787/a70b8a9f-en. Recuperado el 19 de mayo de 2017.

- Pedro, F. (2007). The new Millennium learners: Challenging our views on digital technologies and learning. *Nordic Journal of Digital Literacy, 4*, 244-263.

- Peña, G. (2001). El Valor Persuasivo del Slogan Publicitario. *Círculo de Lingüística Aplicada a la Comunicación, 6*, 85-95.

- Picken, J. (2000). Why Use Ads in the Foreign Language Classroom? *JALT Journal, 22*, 341-355.

- Pinilla, R. (1998). El sentido literal de los modismos en la publicidad y su explotación en la clase de español como lengua extranjera E/LE. *Lengua y cultura en la enseñanza del español a extranjeros. Actas del VII Congreso Internacional de ASELE*, 349-355.

- Real Academia Española. (2014). *Diccionario de la Lengua Española* (23.ª ed.). Consultado en http://dle.rae.es/index.html

- Real Decreto n.º 198/2014, de 5 de septiembre, por el que se establece el currículo de la Educación Primaria en la Comunidad Autónoma de la Región de Murcia. BOE núm. 206, Sábado 6 de septiembre de 2014.

- Sánchez, A. (1997). *Los Métodos en la Enseñanza de Idiomas. Evolución Histórica y Análisis Didáctico.* Madrid: SGEL.

- Sánchez, A. (2009). *La Enseñanza de Idiomas en los Últimos Cien Años. Métodos y Enfoques.* Madrid: SGEL.

- Seelye, H. (1984). *Teaching culture: Strategies for intercultural communication.* Lincolnwood: National Textbook Company.

- Solanki, D., y Phil M. (2012). Use of Technology in English Language Teaching and Learning: An Analysis. *International Conference on Language, Medias and Culture, 33*, 150-156.

- Viñas, M. (2016). *GIFs animados: Qué son, cómo usarlos, encontrarlos y aplicaciones para crear tus propios archivos.* Totemguard. Recuperado el 21 de mayo de 2017 de http://www.totemguard.com/aulatotem/2016/06/gifs-animados-que-son-como-usarlos-encontrarlos-aplicaciones-crear-archivos/

9. Anexos

ANEXO 1

PRE-ACTIVITY

In pairs, discuss about this question: What do you think the advertisement is about?

HINT: It was released at Christmas time.

ACTIVITY

Watch this Polish advertisement. Then, in small groups aswer these questions.

SUGGESTION: First, write the answers in your notebook.

1. What pictures can you see in the parcel? What is inside the parcel?
2. Who brings the parcel to the man?
3. What's the title of the book?
4. What does he do to learn English?
5. What animal does he talk to in the bathroom?
6. What does he put in the suitcase?
7. What's the weather like during the advertisement?
8. Mention the ways of transport he uses in his trip.
9. Which country does he travel to? How do you know?
10. Why does he want to learn English?

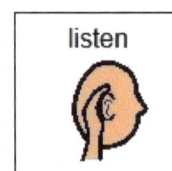

POST-ACTIVITY

The whole class will discuss about these questions:

- Is it Christmas a time to spend with the family?
- What would you do if part of your family lived abroad?
- How would you learn a new language?

GIF

1. Practice the pronunciation and intonation of the expression.
2. Think about the situations you can use the expression.

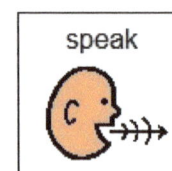

ANEXO 2

Nombre: _____

Grupo: _____

OBJETIVOS	ACTIVIDADES											
	NIVEL DE CONSECUCIÓN											
	Pre		Act			Post			GIF			
1. Promover el visionado de anuncios publicitarios en versión original.												
2. Conocer la cultura inglesa a través del visionado y estudio de anuncios publicitarios reales de Reino Unido.												
3. Identificar expresiones inglesas y expresarlas en un contexto adecuado con una entonación correcta.												
4. Mejorar la comprensión auditiva de conversaciones en versión original a través del visionado de anuncios reales ingleses.												
5. Fomentar la expresión comunicativa mediante conversaciones entre compañeros o debates en clase.												

ANEXO 3

DIARIO DEL PROFESOR						
SESIONES	**OBJETIVOS**	**METODOLOGÍA**	**ORGANIZACIÓN DE LA CLASE**	**MATERIALES Y RECURSOS**	**ATENCIÓN A LA DIVERSIDAD**	**COMENTARIOS**
1						
2						
3						
4						
5						
6						
7						
SUGERENCIAS						

54

ANEXO 4

		ALTO	MEDIO	BAJO
	HOJA DE EVALUACIÓN DEL PROYECTO- EVALUACIÓN SUMATIVA			
1	El proyecto es viable.	1	2	3
2	Las características de los alumnos se han tenido en cuenta a la hora de implementar el proyecto.	1	2	3
3	Los alumnos han alcanzado los objetivos propuestos.	1	2	3
4	Los contenidos han sido adecuados teniendo en cuenta la capacidad cognitiva de los alumnos.	1	2	3
5	Se han tratado temas diversos y de interés de los alumnos.	1	2	3
6	La metodología aplicada ha sido la adecuada para que los alumnos alcancen los objetivos.	1	2	3
7	Las actividades llevadas a cabo han motivado a los alumnos.	1	2	3
8	Ha habido variedad de actividades.	1	2	3
9	La organización de la clase ha sido variada.	1	2	3
10	La temporalización ha sido la adecuada teniendo en cuenta el ritmo de los alumnos.	1	2	3
11	Los materiales y recursos han sido adecuados y variados.	1	2	3
12	Se han utilizado diferentes instrumentos de evaluación para evaluar a los alumnos.	1	2	3